VIE

E SAINTE GERMAINE

BERGÈRE DE PIBRAC.

TOULOUSE,

DEVERS-ARNAUNE, LIBRAIRE,

Rue Saint-Rome, 5.

VIE

DE SAINTE GERMAINE,

BERGÈRE DE PIBRAC.

—

Germaine Cousin naquit dans un petit hameau qui avoisine Pibrac, près de Toulouse, vers l'an 1579. Son père était un pauvre cultivateur appelé *Laurent* ; sa mère se nommait *Marie Laroche*. Ces deux époux n'avaient pour toute fortune qu'une modeste habitation, un champ de peu d'étendue et un troupeau de peu de valeur. L'enfant, qui venait accroître cette famille indigente, parut en naissant vouée à la souffrance. Elle était percluse de la main droite et atteinte des écrouelles. A peine sortie du berceau, elle perdit sa mère. Laurent Cousin ne tarda pas à chercher une nouvelle union. Cette seconde femme eut des enfants ; ainsi qu'il arrive presque toujours, au lieu de prendre en pitié l'orpheline que la Providence lui confiait, elle la prit en aversion. Voilà donc de quelle sorte Germaine entra dans la vie : pauvre, orpheline, infirme, placée sous le joug d'une marâtre, qui, ne pouvant la souffrir auprès d'elle, se hâta de l'envoyer toute jeune à la garde des troupeaux. Dieu sut bien consoler la pauvre enfant dans cette espèce d'exil que lui imposait cette femme sans cœur, et la solitude devint pour elle une sorte de délices qui la dédommageaient amplement de l'aversion dont elle était l'objet dans la maison de son père. La marâtre toujours impérieuse, toujours irritée, lui refusait une place au foyer domestique. Défense lui était faite d'adresser la parole à ses frères et à ses sœurs qu'elle aimait tendrement. La dureté de cette femme, qui n'eut jamais pour Germaine des entrailles de mère, allait si loin, que la pauvre fille fut condamnée à vivre toujours à l'écart, et à prendre son repas dans une étable, ou sur un tas de sarments au-dessous de l'escalier.

Germaine, soumise et respectueuse, se taisait et se cachait. Jamais la sérénité de son front ne fut altérée. Elle avait soif des souffrances, comme les mondains ont soif des plaisirs ; son amour des croix alla si loin qu'elle ne put être rassasiée des croix que la divine providence lui ménageait dans les épreuves de tous les jours, et qu'elle sentit le besoin d'ajouter à ses austérités. En conséquence, elle se réduisit à n'avoir, jusqu'à la fin de sa vie, d'autre nourriture qu'un peu de pain et d'eau.

Il était une autre nourriture qu'elle recherchait avec une sainte avidité : c'était la divine eucharistie qu'elle recevait, au moins une fois par semaine, et dont tous les jours elle adorait le mystère dans l'auguste sacrifice de nos autels. Dieu, pour récompenser une piété si tendre et si ardente, opéra un nouveau miracle en faveur de Germaine. En effet, pendant les longues absences qu'elle était obligée de faire pour aller entendre la messe à l'église de Pibrac et revenir, un gardien invisible veillait sur son troupeau et en écartait les loups qui abondaient à cette époque, dans l'immense forêt de Bouconne. A son retour de l'église elle trouvait les moutons où elle les avait laissés, tranquilles et en sécurité comme au bercail.

Une autre source où elle puisait d'ineffables consolations et un redoublement d'énergie dans la pratique de la vertu, c'était une tendre dévotion à la sainte Vierge. Le chapelet était son unique livre et il lui suffisait. Les doux noms de Jésus et de Marie étaient pour son cœur toute une prière. Dès qu'elle entendait le premier coup de la cloche, qui, trois fois par jour, annonce au peuple chrétien le signal de la prière à Marie, en quelque lieu qu'elle se trouvât elle se mettait à genoux pour réciter pieusement l'*Angelus*.

Une des œuvres que lui inspirait l'amour de Jésus et de Marie, était de réunir autour d'elle, quand elle le pouvait, quelques petits enfants du village. Elle s'appliquait à leur faire comprendre les vérités de la religion, et leur persuadait doucement d'aimer Jésus et Marie.

Tant de zèle, tant de simplicité, tant de vertu ne manquèrent pas d'attirer sur elle, comme il arrive presque toujours, les sarcasmes et les railleries de quelques libertins du village. Mais la crainte du ridicule qui éloigne de la pratique et de la religion un certain nombre d'âmes faibles ne put rien sur le cœur de Germaine, tout à fait inaccessible au respect humain ; elle laissait dire et faisait son œuvre en toute patience et en toute humilité. Mais Dieu, qui permet quelquefois, pour la perfection de ses saints, que leur vertu soit tournée en ridicule dans le monde, sait bien, quand il le veut, la rendre, aux yeux du monde même, plus glorieuse encore qu'elle n'a paru petite et misérable. On vit bien, un jour, combien cette pauvre fille, cette infirme, cette *bigote*, ainsi que quelques-uns se plaisaient à la nommer, était agréable aux yeux de Dieu.

Pour se rendre, selon sa coutume, à l'église, elle était obligée de traverser un petit ruisseau. Or, il arriva qu'un jour ce ruisseau, grossi par un violent orage de la veille, opposait à la pieuse fille une barrière infranchissable. Elle arriva sur les bords, et voilà qu'en ce moment se trouvaient sur la rive opposée quelques paysans qui, la voyant approcher, jouissaient d'avance de l'embarras qu'elle allait éprouver. Quel ne fut pas l'étonnement de ces hommes lorsqu'ils virent les eaux du ruisseau se séparer pour ouvrir un passage à la sainte fille, qui continua sa route vers l'église sans mouiller même le bord de sa robe. Son amour pour Dieu fut ainsi glorifié par un nouveau miracle, dont le bruit se répandit bientôt dans la contrée. Son amour pour les pauvres ne pouvait tarder aussi d'avoir sa glorification.

Très-pauvre elle-même, Germaine ne pouvait distribuer aux indigents que de bien faibles secours; mais l'histoire du denier de la veuve, rapportée dans l'Evangile, démontre que le Seigneur considère moins la grandeur de l'aumône que la pureté d'intention de la personne qui la fait. Et que pouvait offrir la pauvre bergère? Hélas! presque rien, quelques morceaux de pain noir. Mais ces morceaux de pain noir, donnés à un mendiant, étaient plus agréables que l'argent du riche orgueilleux aux yeux du Dieu de charité, qui a promis de ne pas laisser sans récompense au ciel un verre d'eau froide donné aux pauvres en son nom. Malheureuse elle-même, son cœur savait compatir aux misères des autres. Oh ! comme elle savait consoler les âmes qui souffraient ! elle aimait [les pauvres, et les pauvres l'aimaient. Que de fois ne lui arrivait-il pas de donner le morceau de pain qu'elle recevait, le matin, des mains de sa marâtre, pour passer la journée dans les champs ? On dit que, pendant toute une semaine, elle se priva de cette faible nourriture pour secourir un pauvre infirme, dont la chaumière était voisine du lieu où elle avait l'habitude de conduire son troupeau. Un jour, elle sortit de grand matin, selon sa coutume, pour conduire son troupeau dans la campagne. Sa marâtre, qui la soupçonnait de lui voler le pain pour le donner à des étrangers, quitta sa demeure dans un accès de colère, et se mit à courir, armée d'un bâton, après la prétendue voleuse ; elle arriva auprès de la jeune fille, et dans sa fureur elle l'aurait battue si des voisins accourus ne s'étaient interposés pour protéger l'innocente bergère. Elle accabla d'injures cette pauvre enfant, qui ne cherchait pas à se défendre, et lui ouvrit violemment le tablier, pour prouver à ces hommes que son indignation était légitime ; mais voilà qu'au lieu du pain on vit tomber à terre des bouquets de fleurs aussi fraîches que si elles avaient été cueillies dans une matinée de printemps : l'on était alors dans les journées les plus froides de l'année.

Le bruit de ce prodige, qui rappelait celui que le Seigneur voulut bien opérer en faveur de sainte Elisabeth, reine de Hongrie, dans une circonstance à peu près semblable, fut bientôt répandu dans tout le voisinage. A partir de ce moment, les dispositions du père de Germaine changèrent à l'égard de sa fille ; il prit ouvertement sa défense, il voulut même qu'elle eût sa place au foyer et à la table de famille, à côté de ses autres enfants. Germaine demanda, comme une grâce, qu'il voulût bien lui laisser son lit de sarments et son pain noir.

Un grand changement s'était opéré dans la famille et dans tout le village à l'égard de Germaine, et il semble que, dès cet instant, elle allait recueillir le prix de tant d'humiliations et de cruautés qu'on lui avait prodiguées. Mais Dieu, dont les desseins sont impénétrables, la retira tout à coup de ce monde, et voulut qu'une vie obscure et oubliée fût terminée par une mort humble et sans éclat. D'après ce que la tradition nous en a transmis, ce fut vers l'été de l'année 1601, à l'âge de 22 ans, qu'elle fut trouvée morte, un matin, sous son escalier et sur le tas de sarments qui lui servait de lit. Toutes les personnes de la maison ignoraient son trépas ; mais comme il était déjà grand jour et que les brebis étaient encore renfermées dans l'étable, on se hâta de chercher la cause de ce retard inaccoutumé de la pauvre fille, qui sortait, tous les jours, de si grand matin. On accourt à son réduit, et l'on trouve son corps immobile et froid dans l'attitude de la prière.

Une pieuse tradition raconte qu'à l'instant même où cette sainte âme quittait la terre, Dieu révéla à plusieurs personnes la gloire dont il l'avait couronnée dans le paradis. Un prêtre la vit montant au ciel au milieu d'une foule innombrable de saints. Deux religieux, qui traversaient le village de Pibrac, pendant cette même nuit, virent deux jeunes vierges vêtues de blanc, passer près d'eux et se diriger vers une pauvre demeure ; puis elles ne tardèrent pas à repasser, ayant au milieu d'elles une autre vierge plus belle et plus resplendissante qu'elles. D'autres personnes, enfin, virent la sainte montant au ciel, accompagnée d'un chœur de douze vierges qui lui faisaient cortége. Sa dépouille mortelle fut portée dans l'église paroissiale de Pibrac, au milieu d'un concours immense de peuple. On creusa son tombeau vis-à-vis la chaire; son corps y fut déposé et la foule se retira dans un pieux silence.

L'humilité précède la gloire, dit la sainte Ecriture : cette humilité a été bien grande dans sainte Germaine : plus grande sera la gloire qui va couronner son front comme la Vierge divine dont elle imita les vertus. La vierge de Pibrac peut s'écrier à son tour : *Le Seigneur a jeté un regard de bonté sur la bassesse de sa servante; aussi, à partir de ce moment, toutes les générations m'appelleront sainte, parce que le Tout-Puissant a fait en moi de grandes choses.*

Quarante-trois ans s'étaient écoulés depuis la mort de Germaine, lorsqu'une de ses parentes, sur le point d'expirer, demanda à être enterrée à côté de la sainte fille. Le fossoyeur se met en devoir de creuser la tombe ; mais voilà qu'au premier coup de son instrument, il rencontre un cadavre parfaitement conservé. Les anciens du village, accourus au bruit du prodige, n'eurent aucune peine à reconnaître la pieuse bergère, à la difformité de sa main droite et à la cicatrice que les écrouelles avaient laissée à son cou. On retira le corps pour le placer debout près de la chaire. Auprès de cet endroit était placé le banc des seigneurs de Pibrac. Une dame, nommée Marie de Beauregard, contrariée d'avoir sans cesse devant les yeux ce cadavre, ordonna qu'il fût transporté ailleurs ; mais cette irrévérence à l'égard de la servante de Dieu lui coûta cher. Cette dame fut affligée d'un cancer qui se forma dans son sein, et son fils unique fut instantanément frappé d'une maladie qui résistait aux soins des plus habiles médecins. Rentrant alors en elle-même, elle reconnut ses torts à l'égard de celle que toute la contrée appelait la Sainte, elle se recommanda à son intercession ; et la nuit suivante la Sainte apparut à cette dame pour lui annoncer que son cancer avait disparu et que son enfant était complétement guéri. En reconnaissance d'un si grand bienfait, la noble dame fit enfermer le corps dans un grand cercueil de plomb et le fit transporter dans la sacristie. C'est là que commence cette série non interrompue de merveilles que Dieu s'est plu à opérer jusqu'à nos jours, pour la gloire de son humble servante.

Des guérisons miraculeuses s'opéraient journellement par l'intercession de sainte Germaine. Le nombre en devint bientôt si grand que Monseigneur de Marca, archevêque de

Toulouse, fit examiner, en 1664, le corps de la pieuse bergère miraculeusement conservé. Monseigneur de Colbert, archevêque de la même ville, ordonna une enquête, qui eut lieu le 5 janvier 1700, par les soins du R. P. Joseph Morel, prêtre de l'Oratoire, curé de l'église paroissiale de la Dalbade et vicaire général de l'illustre prélat. Dans cette enquête furent constatées les quatre guérisons miraculeuses dont nous allons parler.

Anne Fregand, habitante de Pibrac, affligée, depuis quatre ans, des écrouelles, fut guérie subitement, en 1644, après avoir imploré l'assistance de sainte Germaine. Par une nouvelle faveur, la même, vingt ans après, recouvra, par le même moyen, la vue qu'elle avait perdue à l'œil droit depuis environ dix-huit mois. Elle certifia, au père Morel, de vive voix et par écrit, ces deux étonnantes guérisons.

M. l'abbé Romenguère, vicaire de Pibrac, atteint, depuis quelque temps, d'une paralysie universelle, se fit apporter à l'église; il prie avec ferveur et confiance devant la dépouille mortelle de Germaine, il se sent aussitôt guéri et célèbre immédiatement le saint sacrifice pour témoigner à Dieu sa reconnaissance.

En 1677, Bernarde Roques, de Cornebarrieu, épouse d'un nommé Desclaux, paralysée de tous les membres depuis quatre ans, se fait apporter devant le corps de la Sainte, elle prie et se trouve immédiatement si bien guérie qu'elle revient à pied dans son village.

En 1688, Jean Delaprat, de Colomiers, était atteint des écrouelles avec trois de ses enfants : un garçon de 18 ans et deux filles, l'une de 22, l'autre de 23 ans. Ils souffraient de cette maladie depuis deux ans et demi, lorsqu'ils furent soudainement guéris au tombeau de la sainte fille de Pibrac.

La confiance des peuples aux prières de sainte Germaine et le concours auprès de son cercueil allaient croissant; Dieu se plaisait toujours à récompenser la piété des fidèles par de nouvelles grâces et de nombreux miracles, lorsque arrivèrent les jours funèbres de la grande Révolution de 1793. Comme l'impiété régnait en souveraine et qu'elle s'appliquait à détruire tout ce qui avait un caractère religieux, l'on trembla pour le précieux trésor que l'on vénérait à Pibrac. Ce n'était pas en vain. Un certain *Toulza*, fabricant de vases d'étain, dont le nom sera à jamais en exécration à Toulouse, se chargea, au nom du district révolutionnaire, d'anéantir les restes vénérés de la pieuse bergère. Il arrive, un jour, à Pibrac;

il requiert quatre hommes du village pour l'aider. L'un d'eux se sauva, les trois autres consentent et participent à cette sacrilége opération. Après avoir confisqué la caisse de plomb pour faire des balles, ils enfouirent le corps dans la sacristie même et jetèrent dessus de l'eau en abondance et de la chaux vive, afin d'en assurer la prompte et complète dissolution. A peine avaient-ils terminé leur abominable travail que la malédiction de Dieu tomba sur ces trois misérables. L'un fut paralysé d'un bras, l'autre devint difforme, son cou se raidit et lui tourna hideusement la tête vers une des épaules ; le troisième fut atteint d'un mal aux reins qui le plia, pour ainsi dire, en deux. Ce dernier porta son infirmité jusqu'au tombeau. Les deux autres, plus de vingt ans après, se repentirent de leur crime, ils invoquèrent avec confiance la protection de sainte Germaine et obtinrent la guérison de leur âme et de leur corps.

A peine les mauvais jours de la Révolution furent-ils passés, que l'on s'empressa de déterrer le corps de la sainte fille. Cette opération se fit en 1795. On le retrouva avec les chairs desséchées, mais tout entier et bien conservé quoiqu'il eût passé deux ans dans un terrain humide et sous la chaux. Comme on lui avait enveloppé la tête d'un voile, on aperçut sur ce linge quelques gouttes de sang frais et d'une belle rougeur. A cette vue on peut se faire une idée de l'émotion de ce peuple et de son empressement à replacer ces précieux restes à l'endroit même d'où ils avaient été enlevés. Plus tard, en 1820, le corps fut transporté dans la nouvelle sacristie ; en 1851, dans la chapelle de Saint-François-de-Sales, et enfin, dans ces dernières années, dans un monument construit sur le sol du cimetière et séparé de l'église, pour se conformer à un décret du pape Urbain VIII.

Dans l'impossibilité où nous sommes de raconter tous les prodiges qui se sont opérés au tombeau de la pieuse bergère ou par son intercession, qu'il nous suffise de rapporter les quatre miracles qui, après un mûr examen, ont été approuvés par la sacrée congrégation des rites et confirmés comme tels par S. S. le pape Pie IX.

I

Vers la fin de l'année 1845, la maison du Bon-Pasteur, à Bourges, où sont recueillies les filles qui se sont déjà perdues et celles qui sont en grand danger de se perdre, comptait 116 personnes, savoir : 17 religieuses, 59 pénitentes et 40 jeunes filles, dont la plus âgée n'avait pas plus de 17 ans. Ce nombre croissant toujours et les ressources diminuant, la maison, qui ne se soutenait que par les aumônes des fidèles et le produit du travail des mains des enfants, se trouva bientôt dans la plus grande détresse. Dans cet état de peine, sœur Marie du Sacré-Cœur, supérieure du monastère, se sentit portée à mettre toute sa confiance en la pieuse Germaine Cousin, dont elle avait entendu raconter les merveilles. Elle ordonna de commencer une neuvaine de prières dans toutes les classes, et voulut qu'on ne manquât pas de lire tous les jours quelques passages de la vie de la vénérable bergère. Elle fit placer une médaille de la sainte fille dans le grenier, et chaque religieuse en suspendit une à son cou ; puis, on se mit à prier avec la plus grande ferveur. La confiance de ces saintes religieuses ne fut point trompée. Un jour, tandis que les sœurs converses préparaient la pâte pour faire le pain, cette pâte se multiplia entre leurs mains à tel point qu'avec une assez modique quantité de farine elles eurent 375 livres de pain miraculeux. Deux autres multiplications de pâte ont eu lieu depuis ; la dernière dans le même temps que l'on faisait le procès apostolique.

II

A la multiplication du pain succéda la multiplication de la farine, dans cette même maison religieuse, au mois d'octobre de la même année : « Je m'aperçus, » dit la sœur Marie de

Saint-Augustin, « quatre ou cinq fois dans le
» mois de décembre, que la farine se multi-
» pliait et ne diminuait jamais. Je ne puis
» fixer précisément le jour où elle a commencé
» à augmenter, mais je suis sûre que c'était au
» mois de décembre. » Sœur Marie de
Saint-Jean ajoute dans sa déposition : « La
» sœur tourière, qui était spécialement char-
» gée de la farine, m'a dit plusieurs fois, dans
» les derniers jours de décembre 1845, qu'elle
» prenait toujours de la farine et que jamais
» elle ne diminuait ; moi-même, par deux fois
» différentes et dans le même mois, ayant pris
» avec la sœur tourière une quinzaine de cor-
» beilles de farine pour en faire du pain, j'ai
» remarqué que le tas d'où nous l'avions tirée
» était aussi considérable qu'avant. »

Après un prodige si éclatant on peut penser
quelle fut l'émotion de toutes ces religieuses.
Le premier dimanche de janvier, la supérieure
les conduisit au grenier, afin qu'elles vissent
de leurs propres yeux la prodigieuse multiplication. Toutes se prosternèrent, et retenant

avec peine leurs larmes, elles baisèrent la terre
et restèrent quelque temps en prières les bras
en croix et rendant mille actions de grâce à
Dieu et à sainte Germaine.

III

Une petite enfant, nommée Jacquette Catala,
fut atteinte, à l'âge de dix-huit mois, d'une maladie tellement grave, qu'en peu de jours elle
fut réduite à toute extrémité. Dans cet état, la
cheville du pied et le genou s'enflèrent extraor-
dinairement. La pauvre mère, après avoir
épuisé, pendant quatre ans et demi, tous les
remèdes humains, résolut d'avoir recours à la
protection de sainte Germaine.

« J'arrivai à Pibrac, avec mes enfants, »
nous dit elle-même, « un dimanche : M. le
» curé prêchait. Je me mis à l'instant sur un
» banc avec mes enfants ; je plaçai Jacquette
» entre son frère et moi, et nous la gardions
» tous les deux ; là, j'entendis la messe.
» A peine venait-on de sonner la petite cloche

» pour annoncer le *Sanctus*, que Jacquette
» poussa un cri, et j'entendis moi-même un
» craquement que je crus être produit par les
» articulations des os de ma fille. J'étais dans
» un état difficile à définir. Il me vint à l'ins-
» tant à l'esprit que ma fille était guérie ; cette
» pensée me distraisait sans cesse de mes
» prières, et au moment de la communion, je
» recommandai à son frère de la surveiller.
» J'avais eu trop de répugnance à l'attacher à
» la chaise, à cause des regards des assistants.
» Quand je fus agenouillée à la sainte table,
» voilà que Jacquette s'échappe des mains de
» son frère et vient se mettre à genoux à côté
« de moi, sans que personne la soutînt. Je ne
» puis exprimer l'émotion qui me saisit, sur-
» tout quand je vis cette chère petite fille
» prendre, comme moi, la nappe comme pour
» communier. Je fis signe de la main au curé
» qu'elle ne devait point recevoir la sainte
» communion. Quand je revins à ma place, ma
» petite me suivit et s'assit d'elle-même avec la
» plus grande facilité. Je revins à Toulouse le

» cœur plein de joie et de reconnaissance ; la
» petite Jacquette, en entrant dans la maison,
» se mit à crier de toutes ses forces : Je suis
» guérie ! Son père la prit dans ses bras, puis
» la remit sur ses jambes et voulut la voir mar-
» cher pour s'assurer de la vérité. Tout le
» quartier qui avait été témoin de l'infirmité de
» cette enfant put se convaincre de la vérité
» du miracle qui venait de s'opérer, en la
» voyant leste et libre comme si jamais elle
» n'avait souffert. »

IV

Philippe Luc, du village de Cornebarrieu,
fut atteint, à l'âge de 12 ans, d'une douleur
qui, en peu de jours, lui enleva complétement
l'usage d'une jambe ; il lui vint à la cuisse une
plaie, que les médecins, d'un commun accord,
déclarèrent être une fistule incurable. Confié
aux soins d'autres médecins, à l'hôpital Saint-
Jacques de Toulouse , la même réponse fut
donnée au pauvre jeune homme qui, n'ayant

rien à attendre de la terre, s'adressa avec confiance à la pieuse bergère de Pibrac. Il se fait porter à son village natal, et de là il part, un jour, avec sa mère, pour aller prier au tombeau de la Sainte. Là, il entend la messe avec ferveur, mais il n'obtient rien. Il s'en revient avec la persuasion que la *Sainte* ne l'a pas abandonné quoiqu'elle ne l'ait point guéri subitement comme tant d'autres. De retour dans sa maison, il se fait soigner la plaie par sa mère, qui ne manqua point d'appliquer sur la partie malade des linges passés sur le corps de la Sainte. Le jeune homme s'endormit d'un sommeil très-paisible. A son réveil il prie sa mère de visiter la plaie ; mais à peine les linges sont-ils levés qu'on les trouve parfaitement blancs et secs, et la plaie était entièrement fermée. Les médecins n'ont pu s'empêcher de déclarer et d'affirmer que cette guérison n'avait pu avoir ieu que par un vrai miracle.

CANONISATION DE SAINTE GERMAINE.

Le 29 juin, fête et anniversaire du centenaire de saint Pierre, Pie IX, entouré de cinq cents évêques et de plus de cent mille fidèles agenouillés, a prononcé les paroles de la canonisation et donné sa bénédiction à la ville et au monde. Le bruit du canon Saint-Ange s'est mêlé aux chants religieux. Des *Te Deum* ont été chantés dans toutes les églises.

Toulouse a célébré sa fête les 28, 29 et 30 juillet 1867, par un triduum solennel. Le riche comme le pauvre s'est surpassé pendant ces trois jours. La ville présentait un ensemble féérique d'emblèmes, de drapeaux, de guirlandes de fleurs. Depuis le rez-de-chaussée jusqu'au faîte, toutes les maisons étaient éclairées de mille feux.

Une procession générale a été le couronnement de ces fêtes incomparables. Tous les saints de l'insigne Basilique sont allés au-devant de leur sœur, afin de l'amener triomphalement au milieu d'eux. Un chœur de quatre cents prêtres précédait la relique. Monseigneur l'archevêque de Toulouse, douze pontifes la suivaient, ainsi que tous les hauts dignitaires de la ville. Une foule immense et attendrie saluait son passage.

Toulouse conservera longtemps le souvenir de ces belles fêtes.

NEUVAINE
A SAINTE GERMAINE.

PREMIER JOUR.

Sainte Germaine, modèle de souffrance et de résignation.

L'Esprit-Saint nous apprend dans les divines Ecritures *que pour arriver au royaume des cieux, il faut passer par beaucoup de tribulations...* Sainte Germaine comprit très-bien cette doctrine et la pratiqua exactement. Il n'y a pas eu, en effet, dans sa vie un seul jour sans souffrance ; elle fut sa compagne inséparable. Mais, ce qu'il y a de glorieux à constater, c'est sa patience inaltérable et sa résignation chrétienne au milieu des plus accablantes épreuves. Jamais une parole de murmure ne sortit de sa bouche. Elle se soumit entièrement à la volonté de Dieu, car elle savait que le Seigneur la récompenserait outre mesure de tous les sacrifices qu'elle se serait imposés par amour pour lui.

O sainte Germaine, dont la destinée fut de toujours souffrir en ce monde, apprenez-nous le prix et les avantages de la souffrance ! Obtenez-nous du ciel la patience et une soumission parfaite à la volonté de Dieu, afin que, comme vous, nous profitions des contradictions de cette vie en vrais chrétiens, et que nous arrivions ainsi à la félicité éternelle.

Sainte Germaine, modèle de patience, priez pour nous.

DEUXIÈME JOUR.

Sainte Germaine, modèle de pauvreté et de charité.

Notre-Seigneur disait un jour à ses apôtres : *Vous aurez toujours des pauvres avec vous.* Paroles prophétiques qui se sont toujours réalisées, car toujours il y a eu des pauvres dans le monde. Mais ce qu'il y a de consolant, c'est qu'après le bon Maître nous pouvons répéter : *Bienheureux les pauvres, car le royaume des cieux est à eux.* Oui, ô pieuse Bergère, vous êtes sainte, parce que vous fûtes pauvre. Vous sûtes, dans votre pauvreté, enrichir votre cœur des dons du ciel et aimer Dieu par-dessus toutes choses. Vous méprisâtes les biens de la terre, parce qu'ils ne pouvaient faire votre bonheur. Vous donnâtes même, dans l'élan de votre charité, votre nécessaire à ceux qui étaient pauvres comme vous. O sainte Germaine, soyez bénie des beaux exemples que vous nous donnez. Enseignez-nous à aimer la pauvreté et à nous y complaire, s'il a plu au Seigneur de nous priver des biens de la fortune. Que nous songions, à votre exemple, à donner aux pauvres, sinon ce qui est nécessaire à notre subsistance, au moins notre superflu ; et qu'en nous dépouillant ainsi sur la terre des choses périssables, nous ramassions pour le ciel un trésor que la rouille ne pourra détruire, ni les voleurs nous enlever.

Sainte Germaine, modèle de pauvreté et de charité, priez pour nous.

TROISIÈME JOUR.

Sainte Germaine, modèle de douceur.

Le Sauveur nous a dit dans l'Evangile une parole extrêmement touchante qui nous révèle sa bonté pour nous : *Apprenez de moi,* dit-il, *que je suis doux de cœur.* Ne dirait-on pas que notre sainte est allée à l'école du bon Maître dès sa tendre enfance ? Nous trouvons, en effet, en elle une douceur qui ne se dément jamais, soit vis-à-vis de son père qui ne s'occupa guère d'elle, soit à l'égard de sa marâtre qui lui fit subir les plus indignes traitements, soit même à l'égard des libertins et des esprits légers qui tournaient sa vertu en ridicule.

O sainte imitatrice de la douceur de Jésus, ô douce et tendre Germaine, demandez à Dieu pour nous l'esprit de douceur, afin qu'aucune impatience ne nous fasse perdre la paix du cœur, dont la douceur est comme la sauvegarde. Faites-nous entrer, ô Sainte, dans cette terre que Notre-Seigneur promettait aux âmes douces quand il disait : *Heureux ceux qui sont doux, car ils posséderont la terre.*

Sainte Germaine, modèle de douceur, priez pour nous.

—

QUATRIÈME JOUR.

Sainte Germaine, modèle d'humilité.

Il suffit de connaître un peu la vie de sainte Germaine, pour s'apercevoir que l'humilité a été sa vertu dominante. Avec quel soin n'a-t-elle pas caché aux hommes ses mortifications et ses bonnes œuvres ? Anges du ciel, vous en avez été les seuls témoins. Mais, chose digne de remarque ! par quel dessein impénétrable du Seigneur l'âme de la Sainte s'envola-t-elle de son corps pour aller jouir du fruit de ses vertus au moment même où les hommes auraient pu l'apprécier, la respecter et la prendre pour modèle ? Dieu le voulut ainsi pour exaucer probablement les prières de son humble servante, qui aurait souffert de tout hommage qui lui aurait été rendu.

Exemple d'humilité profonde qui condamne hautement notre vanité et notre envie de paraître ! ô sainte Germaine, faites que nous aimions à être inconnus et ignorés des hommes et à nous humilier, afin que Dieu, un jour, nous élève ainsi qu'il l'a promis ; *il exalte*, dit l'Ecriture, *toute âme qui s'humilie.*

Sainte Germaine, modèle d'humilité, priez pour nous.

CINQUIÈME JOUR.
Sainte Germaine, modèle de confiance en Dieu.

Notre-Seigneur Jésus-Christ nous dit dans l'Evangile : *que pas un cheveu ne tombe de notre tête sans la permission du Père céleste.* Il veut nous faire voir par là que Dieu veille sans cesse sur nous, et qu'en retour nous devons avoir une confiance entière en lui. Combien de fois notre sainte Bergère ne se serait-elle pas désespérée au milieu de ses nombreuses épreuves, si cette confiance n'eût été profondément gravée au fond de son âme ? Dites-nous, ô sainte Germaine, le nombre de fois que cette pensée porta la consolation dans votre cœur désolé ? Le nombre de fois qu'elle vous fit produire des actes d'amour de Dieu et d'abandon à sa sainte volonté ?

Corrigez donc en nous, ô sainte amante de Jésus, ce défaut de confiance. Hélas ! il est si commun, que sans une protection spéciale nous ne pouvons guère espérer de ne pas y tomber. Venez à notre secours, augmentez de plus en plus notre confiance et ne nous abandonnez pas surtout au moment décisif de la mort, où la confiance en Dieu est si nécessaire au salut. *Sainte Germaine, modèle de confiance en Dieu, priez pour nous.*

—

SIXIÈME JOUR.

Sainte Germaine, modèle de pureté d'intention.

Un seul verre d'eau froide, a dit notre aimable Sauveur dans l'Evangile, *donné en mon nom, ne perdra pas au ciel sa récompense.* Il ne lui était pas possible de relever davantage le mérite de la pureté d'intention. Aussi, toute âme désireuse de sa perfection doit offrir au Seigneur toutes ses actions. Ce fut la pratique constante de notre Sainte ; c'était avec bonheur que tous les matins elle élevait son cœur vers Dieu et lui offrait sa journée. Durant ses occupations aussi, elle renouvelait fréquemment son offrande, et le soir elle remerciait le Seigneur des bienfaits du jour, en le priant de bénir et de sanctifier son repos.

Nous le voyons, ô sainte Germaine, toute votre vie a été pour Dieu ; vous ne lui en avez pas ravi la plus mince partie. Ah ! si, à votre exemple, nous savions porter dans toutes nos actions la même pureté d'intention, comme nous arriverions à une haute sainteté ! O sainte servante de Jésus, daignez nous assister et diriger vous-même vers le Seigneur tous les sentiments de notre cœur et tous les actes de notre corps.

Sainte Germaine, modèle de pureté d'intention, priez pour nous.

—

SEPTIÈME JOUR.

Sainte Germaine, modèle de prière.

La vertu qui éclate dans les saints nous étonne quelquefois ; et cependant nous ne devrions pas en être surpris, puisque tout ce que nous trouvons en eux d'admirable, nous pouvons le réaliser en nous par le même moyen qui le leur a procuré. Ce moyen, c'était la prière. Tout le secret de la sainteté de la simple Bergère réside là. Elle est sainte parce qu'elle a beaucoup prié ; on peut assurer que ce fut l'occupation et la pensée de toute sa vie. Chaque matin, elle assistait au saint sacrifice de la messe, et lorsqu'elle gardait ses troupeaux on la voyait souvent à genoux invoquant Jésus crucifié, ou récitant pieusement son chapelet.

O sainte Germaine, que vous confondez par vos exemples notre lâcheté et notre avarice ! Aussi, désormais, nous consacrerons plus de temps au saint exercice de la prière ; nous y porterons plus d'attention, pour que, comme les vôtres, elles montent vers le ciel et fassent descendre sur nos âmes toute sorte de bénédictions. Faites, ô pieuse Bergère, qu'elle devienne notre consolation et notre félicité ici-bas, comme elle fut la vôtre pendant les jours de votre pèlerinage sur la terre, et que, comme vous, elle nous conduise au séjour des bienheureux !

Sainte Germaine, modèle de prière, priez pour nous.

—

HUITIÈME JOUR.

Sainte Germaine, modèle de dévotion à la sainte Vierge.

Tous les saints du christianisme ont eu un amour tout particulier pour la sainte Vierge ; mais ce culte est devenu plus populaire et plus avéré depuis plusieurs siècles. Il semble que cette reine des vierges ait voulu depuis longues années devenir notre introductrice du ciel. La sainte bergère l'avait compris, et dès son bas âge elle donna des preuves d'une tendre et solide dévotion envers la mère de Dieu. Elle la révéra toute sa vie, par son exactitude scrupuleuse à réciter souvent le chapelet et trois fois par jour l'*Angelus*. Comme son âme pure et simple devait s'épanouir devant la beauté des vertus sublimes de la sainte Vierge ! Avec quelle ardeur elle devait lui demander de l'imiter dans son amour pour Dieu, son humilité, sa chasteté, sa patience !

O sainte Germaine, inspirez-nous les mêmes désirs. Développez en nos âmes ces tendances qui nous portent à nous dévouer entièrement à cette bonne mère ; que nous soyons comme vous, ses enfants ici-bas, pour mériter de l'être pendant toute l'éternité.

Sainte Germaine, modèle de dévotion à la sainte Vierge, priez pour nous.

NEUVIÈME JOUR.

Sainte Germaine, modèle de toute sainteté.

Nous ne pouvons mieux clôturer cette neuvaine qu'en considérant sainte Germaine comme le modèle de toutes les vertus. Elle les a, en effet, pratiquées toutes à un degré éminent. Depuis son berceau jusqu'à sa tombe, nous voyons rayonner sur son front, comme une immortelle couronne, la pauvreté, l'abnégation, la patience, l'humilité, la douceur, la charité, l'amour de Dieu. O sainte Bergère! ô précieux modèle de toute perfection, inspirez à notre cœur le zèle et l'amour des mêmes vertus! Que nous les pratiquions avec les mêmes sentiments qui vous ont animée sur la terre! qu'à votre exemple, nous soyons doux, humbles, résignés, compatissants, mortifiés, charitables!

O sainte Germaine, obtenez du ciel toutes ces vertus, et principalement celle qui nous est plus nécessaire pour travailler à notre sanctification, et qui nous coûte plus d'efforts.

Maintenant, ô sainte Bergère, nous nous jetons à vos pieds, en vous suppliant d'exaucer toutes nos demandes; non, ô sainte, comme le saint patriarche Jacob, *nous ne voulons pas nous retirer que vous ne nous ayez bénis.* Bénissez-nous donc, et à jamais vous serez notre douce et sainte patronne!

Sainte Germaine, modèle de toute sainteté, priez pour nous.

LITANIES DE SAINTE GERMAINE.

Seigneur, ayez pitié de nous.

Jésus, ayez pitié de nous.

Seigneur, ayez pitié de nous.

Jésus, écoutez-nous.

Jésus, exaucez-nous.

Père du ciel qui êtes Dieu, ayez pitié de nous.

Fils, rédempteur du monde, qui êtes Dieu, ayez pitié de nous.

Esprit-Saint, qui êtes Dieu, ayez pitié de nous.

Trinité sainte, qui êtes un seul Dieu, ayez pitié de nous.

Sainte Marie, modèle des Vierges, priez pour nous.

Sainte Marie, bien tendre mère de sainte Germaine,

Sainte Germaine, qui avez tant aimé les pauvres,

Sainte Germaine, dont la vie fut un martyre continuel,

Sainte Germaine, dont le cœur fut toujours uni au cœur de Dieu,

Sainte Germaine, modèle de chasteté,

Sainte Germaine, modèle d'humilité,

Sainte Germaine, modèle de douceur,

Sainte Germaine, modèle de patience dans les mauvais traitements,

Sainte Germaine, modèle de mortification,

Sainte Germaine, modèle de résignation dans les épreuves de la vie,

Sainte Germaine, modèle de simplicité,

Sainte Germaine, qui n'avez eu d'autre science que celle de Jésus et de Jésus crucifié,

Sainte Germaine, douce amie des pauvres et des malheureux,

Sainte Germaine, qui faisiez vos délices d'assister à l'immolation de la victime sainte,

Sainte Germaine, qui avez trouvé Dieu dans la vie solitaire et cachée,

Sainte Germaine, qui vous êtes endormie du doux sommeil des justes.

Sainte Germaine, que les

anges ont porté en triomphe dans le ciel, priez pour nous.

Sainte Germaine, dont le corps virginal a été préservé de la corruption, priez pour nous.

Sainte Germaine, dont la mémoire est en bénédiction sur la terre, priez pour nous.

Sainte Germaine, que Dieu favorisa du don des miracles, priez pour nous.

Sainte Germaine, dont le Seigneur a rendu le tombeau glorieux, priez pour nous.

Par votre intercession, rendez nos prières agréables à Dieu, nous vous en supplions, écoutez-nous.

Par votre intercession, répandez vos plus douces bénédictions sur notre saint-père le pape, notre prélat, sur les princes et pasteurs de l'Eglise, nous vous en supplions, écoutez-nous.

Par votre intercession, fertilisez nos campagnes et donnez au pauvre son pain de tous les jours, nous vous en supplions, écoutez-nous.

Par votre intercession, obtenez à tous ceux qui ont recours à vous, la santé de l'âme et du corps, nous vous en supplions, écoutez-nous.

Par votre intercession, obtenez-nous une sainte vie et une mort précieuse devant Dieu, nous vous en supplions, écoutez-nous.

Agneau de Dieu, qui effacez les péchés du monde, pardonnez-nous, Seigneur.

Agneau de Dieu, qui effacez les péchés du monde, écoutez-nous, Seigneur.

Agneau de Dieu, qui effacez les péchés du monde, ayez pitié de nous, Seigneur.

Jésus, écoutez-nous.

Jésus, exaucez-nous.

Sainte Germaine, priez pour nous,

Afin que nous soyons rendus dignes des promesses de Jésus-Christ.

PRIONS.

Seigneur, qui êtes la gloire des humbles, et qui avez accordé à sainte Germaine, votre vierge, la grâce de pratiquer d'une manière merveilleuse la patience et la charité, accordez-nous par ses mérites et son intercession de porter la croix sans jamais nous décourager, et de croître sans cesse dans votre amour.

Par Notre-Seigneur, etc.

A LA MESSE.

INTROÏT.

Les vierges seront conduites au Souverain ; elles lui seront présentées dans la joie et l'allégresse ; elles entreront dans son temple. *Ps.* Mon cœur ne peut plus contenir les sentiments dont il est plein ; * j'adresse mes cantiques au Roi. Gloire. Les.

COLLECTE.

O Dieu, qui vous plaisez à élever les humbles, et qui avez accordé à sainte Germaine, votre vierge, la grâce, de pratiquer d'une manière merveilleuse la patience et la charité, accordez-nous par ses mérites et son intercession que, portant avec constance la croix, nous méritions de vous aimer toujours. — Par Notre Seigneur , etc.

SECRÈTE.

Nous vous supplions instamment, Seigneur toutpuissant, de nous permettre que, pleins de confiance dans la protection de sainte Germaine, votre vierge, nous célébrions ces saints mystères avec un esprit pur et un cœur sans tache. — Par, etc.

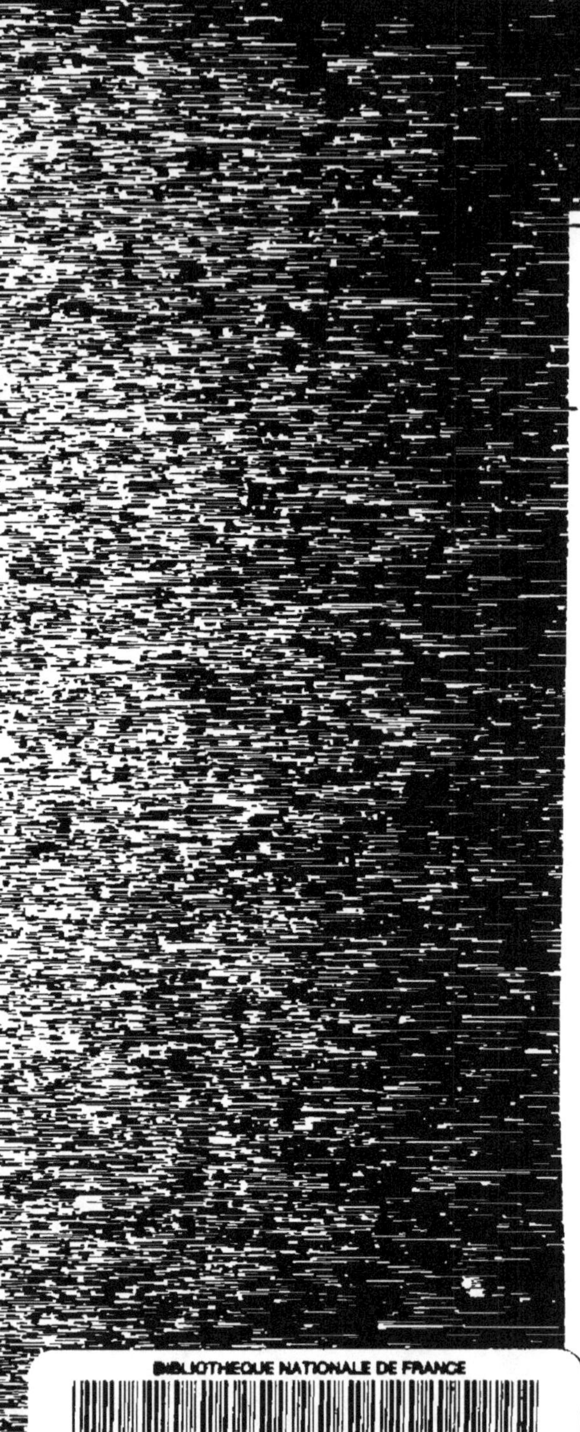